RECUERDOS DE AMOR

Aida Aldahondo

b

Espero que les agraden estos poemas. En ellos verán que son poemas cortos y sencillos, tristes y amargos. Ellos encierran un mensaje muy valioso y agradable. Son para personas muy sensibles. Muchas personas que saben de estos poemas que hice, han insistido que los publique para que otros lo lean y sepan que a pesar del bullicio del mundo y de las guerras todavía quedamos personas sensibles.

Gracias,

Aida Aldahondo

d

Palabras Para La Autora:

Como ave que vuela buscando un jardín florido traza en el sagrado templo de la musa la inquieta pluma de la poetisa un manojo de lindos poemas endulzados con el dulce polen del amor. El sentimiento cual caudaloso río se desborda en cada estrofa. En súplica y un adiós. En el poema El Sueño la poetisa nos dice:

"Soñé con lirios de ternura y con la más hermosa;

Soñé, con las cosas queridas en un jardín de rosas...

Pero que decepción cuando yo desperté

Del sueño de la aurora

Porque todo fue un sueño sin luz y sin corolas".

El sueño del subconsciente no se materialice. El sueño cuajado de dichas, opacase con el horizonte, aunque la mar esté agitada, cuando brilla la llama del amor, se ve hermosa. El sueño de la niñez, cuando la vida se agiganta, llena de sueños y promesas. La desilusión cuando el sueño de la niñez, se ve truncado por la realidad de la existencia.

La poetisa traza un vocablo triste en el siguiente poema:

"Me alejaré de ti,

Me alejaré en silencio,

Cargando en mis hombros fatal desilusión...

...zozobraré en la nave

Sin rumbo, sin timón.

Navegaré muy lejos

Sin paz y sin amor."

Las esperanzas nunca mueren cuando son alimentadas por la fe. El barco sin timón, el cruza los mares buscando la tranquilidad del puerto. La desilusión se convierte en algo sólido y pesa sobre el alma, pero la fe y la esperanza nunca muere. Es el navío que la llevará a puerto seguro.

Los poemas más dulces son los que emanan sentimientos. Los poemas de la poetisa están engalanados con esos sentimientos que

e

emanan de un corazón sensitivo. Se vislumbra en todos los poemas que componen esta obra. Si la esencia del amor no predomina en la vida, existirán ocasos y tristes despedidas. La filosofía de la poetisa se basa en los aspectos positivos y negativos de la existencia. La fe y la esperanza son dos motivaciones que levantan el velo del aspecto negativo en que se desenvuelve la humanidad.

Le deseo a la poetisa Aida Aldahondo éxito en el difícil arte de escribir.

Ramón M. Colón

f

Contenido

h

POEMAS

Fugitivo Amor

Si en tu amor cifrara mi esperanza,

Esa esperanza se marchaba con la vida;

No se puede pedir amor cuando se oculta

Como ladrón en sombras agoreras.

Que venga el amor para decirte quedo.

No creo en palabras lisonjeras.

Veo como llevar el desdén a cuestas

Por la empinada cuesta de un calvario

Sin mirar siquiera mis tristezas.

Mendigar amor no puedo;

¿Cómo saber si de tu alma emana

El dulce aroma que el amor encierra?

El amor que se oculta en los desiertos,

Para no brindar amor en su egoísmo.

Es preferible que se marche y no regrese

Antes que se convierta en cataclismo

Amor que te ocultas en un lugar sombrío

Tal vez para atisbar en su miseria

La pena del amor en su tugurio

Que en el dolor de la vida vocifera,

Buscando la esencia de marchitas flores
Donde ocultan esperanzas y quimeras.
El sol de la vida las marchitó
Cuando la alborada brindaba sus colores
En el espejo de una linda primavera.

Cuando No estés

Cuando tú no estés
Seré como un libro
Escrito en la amargura
El cual escribió un autor enfermo.
Seré como un abismo
Oscuro y muy profundo.
Mi vida será como un desierto
Solitario y desolado.
Cuando tú no estés,
Mi voz callará para siempre
Y todo se tornará gris.
Sería como jardín sin flores.
Entonces marcharía muy lejos
A un lugar triste y apartado
A platicar mis penas con el viento
Y cuando el viento se refugie en el mar,
Me marcharé a platicar con el silencio.

La carta

En una hoja de papel amarillenta
Escribiste tus palabras claras y precisas,
En esa carta me decías tantas cosas
Con rosas, jazmines y artemisas.

Allí había el vocablo anhelante
La letra escrita con premura
Expresando sentimientos tuyos
Con cariño amor y ternura.

Mencionas de los días y las noches,
De inolvidables ratos placenteros
Acurrucados en las rosas y geranios,
Bajo el monte azul de límpido cielo.

Me decías del amor que me profesabas
En letra apretada y temblorosa…
Esta esquela que tengo en mis manos
Tan sutil, comprensiva y cariñosa.

Conservaré esta carta como recuerdo.
Como muestra de nuestro amor sublime,
Cuando la leo siento como un llanto
Que a mi alama oprime.

Para ti

Para ti ésta poesía
Para ti que eres
El secreto de mi vida.
De ti aprendí,
Tú me enseñaste
Tantas nuevas cosas
Aquellas noches maravillosas
Se convirtieron en radiante sol,
Para ti este poema
Que dedico con amor.
Para ti todos mis versos,
En todo su esplendor.
Me inspiró el pensamiento grato
Me inspiró la noche silenciosa…
Me inspiró en todo lo que vales
Me inspiró… un millón de cosas.

La Búsqueda

Busco el sol entre nubes viajeras
En un cielo de azul enamorado;
Busco estrellas más allá del firmamento
Y una luz que jamás haya alumbrado.
Busco en las guirnaldas de la aurora
Un horizonte que de las pinceladas
A un corazón que vive enamorado
Aferrado a la fe y a la esperanza.
Busco entre los pliegues de la vida
Una esperanza que vive en las regiones
De mi corazón que mira a la lontananza.
Busco en el conglomerado de los bosques
Una flor que nadie haya tocado,
Busco la esencia de la vida
Que reposa en la superficie de los lagos;
Pero por más que yo he buscado,
Pobre de mí, nada yo he encontrado.
Si en mi risa estaba la esperanza
Y esa risa para siempre se ha borrado,
Ahora no le queda ni un consuelo
A mi pobre corazón enamorado.
Ahora solo queda un suspiro muerto
En mi pobre corazón embalsamado.

Gracias

Gracias por los bellos momentos
Que aquel día me brindaste
Olvidándonos de todo
Con un amor tan grande.

Gracias por brindarle a mi vida
Momentos de gran felicidad
Con el transcurso del tiempo
En mi alma vivirás.

Gracias porque aun sabiendo
De nuestro amor prohibido
Bien supiste comprenderme
Yo por eso no te olvido.

El amor que tú me diste
No lo borrará la distancia
Por eso yo a ti te digo:
Gracias.

Amigo

Te quiero más que a mi vida
Así me dijiste un día
En el crepúsculo de la tarde
Que tristemente moría.

Te miré emocionada
Porque realmente sabía
Que me amabas con locura
Y sin embargo sufría.

Sufría al ver tanto amor
El cual yo no correspondía.
Te quería como un amigo
No como lo que tú querías.

...y te alejaste un día
Buscando quizás el olvido...
No se si me olvidaste...
Perdóname, mi amigo.

El Ave Del Recuerdo

Hoy caminando por el bosque
Que en el silencio dormitaba,
Y escuche un ave trinar.
Era el ave del recuerdo
En las ramas del árbol
De la esperanza que tú y yo plantamos.
Pensé que el ave había muerto en el martirio
Que la vida y el tiempo nos legó.
El ave trinaba con tristeza;
Trinos que brotan muy profundos
De su corazón agobiado de dolor.
Ave que vuelas de rama en rama
Trinando y buscando el eco de mi voz.
Hoy caminaba junto al río
Y vi una flor creciendo en la ribera
Que había perdido el aroma y el color
Tan lozana que la flor estaba
Antes que muriera en el dolor
Marchita flor que renacer no puede
Porque el río hace tiempo se secó.

Llore Por Ti

Lloré por ti…

No pude contener

Mis raudas lágrimas…

Lágrimas amargas

Como la hiel…

Brotaron de mis ojos

En loca desesperación,

Yo que no pensaba llorar

…lloré por ti,

Lloré por aquel

Que no merecía amor.

Pensé que tú eras mi destino

Amé a ese destino con delirio.

Lloré por ti…

Fue el destino

Que me arrojó a tu pecho

Yo no quería llorar

Pero… no pude contener

Que un tropel de raudos sentimientos

Surgieran de mi alma, de mí ser.

El brillo de mis ojos se apagó.

Como el fuego en la humedad del alma

Que se apaga y no puede alumbrar…

…lloré por ti…

Yo, que jamás pensé llorar.

No Temas Encontrarme

Si algún día nos encontramos

Caminando por sendas separadas,

Tu con otro amor del brazo…

Tal vez yo caminando sola,

No desvíes tu vereda

No temas encontrarme,

Que del amor pasado

Jamás yo te hablaré.

Nuestro amor como potro desbocado

Que corrió cual saeta

Por los cielos nublados,

Fue ave que voló

A un nido equivocado

Como flor que nació

En el desierto

Y no fue su lugar deseado.

No temas encontrarme,

Que jamás te hablaré

De nuestro amor pasado.

Mi silencio que vaga en tinieblas

Buscando una luz que la alumbre
Y la despoje de sombras tenebrosas...
No desvíes tu camino
No temas encontrarme.

Seré

Seré… el pasado lejano

De tu presente incierto;

Seré una sombra negra

Encadenada al mar;

Seré un erial trillado,

Con sus surcos sangrientos.

Seré como cenizas

Que lleva y esparce el viento;

Seré la dura roca

Sin ningún sentimiento.

Seré como el árbol sin hojas

En un bosque muerto.

Seré… como arroyo sin cauce,

Como fuego apagado.

Seré… como noches sin lunas,

Como efímero sueño.

Te Amo

Dentro de mi alma
Existe un desespero,
Cuando mi corazón te evoca
Es porque yo te quiero.

No importa la distancia.
Siempre queda un recuerdo
De los momentos gratos
De los que siempre me acuerdo.

Quiero mirarme en tus ojos
Como me miro en el lago,
Ellos son la inspiración
Para el poema que hago.

Un día en ellos me miré
Como si fuera un espejo
Y tus ojos me dijeron
¡Ay, amor como te quiero!

Por favor nunca me olvides
Que jamás te olvidaré
La distancia no es olvido
Y a ti siempre te amaré.

Tras Las Huellas Del Amor

Miré el amor que ciego caminaba
Por una vereda que la vida había trazado.
Deambulaba beodo sin ver ni escuchar nada,
Por el camino que el tiempo había marcado.

Se marchó olvidando en la penumbra
A una pobre alma que sufría
En un páramo de agobio y de dolor
Donde moría y lloraba la esperanza.

Se retractó en su modo de pensar.
Y se hundió en el abismo la tortura,
Sabía que no podía regresar
Al lugar donde había morado la ternura.

Que cruel eres amor ciego y cobarde
Eres perverso en ti no existe pena
En un infierno que eternamente arde
Le diste a mi alma la condena.

Un Poema Para Ti

Te escribí un poema
En una tarde triste
En que lloré la pluma
Y suspiré el papel;
Cada frase será
Como flor que florece
En un amanecer.
Será un canto a la esperanza
Le inyectaré el aroma
De frases celestiales
Y amor en abundancia.
Te escribiré un poema
Con frases amorosas
Y te diré que pienso
En cada frase virgen.
Te diré, "yo te quiero".

Un Alma Sin Amor

Un alma sin amor
Es como noche triste,
Es una noche eterna
Sin luna y sin estrellas.
Un alma sin amor
Es como nube negra
Que cubre con su manto
El sol y las estrellas.
Es silencio que mata,
Porque es la soledad
En que el alma se encuentra.
Un alma sin amor
Es alma que suspira
Con una noche a cuestas
Buscando ansiosamente
La luz en la floresta.
Un alma sin amor
Es alma que agoniza
Llorando su infortunio;
Es como cosa muerta.
Un alma sin amor
Es alma que no ríe,
Es alma que está sola,
Es cielo sin estrellas…
Es sol sin las auroras.
Un alma sin amor
Es alma moribunda
Que va por los caminos
Transida de dolor
Viviendo en la penumbra.

Tus Palabras

Pocas son tus palabras
Pero muy elocuentes,
Son un panal de miel
En la colmena,
Son esencia de la flor silvestre
Arrullada por el sol de primavera.

Tienen el matiz adolescente
De la flor lozana en la mañana,
Fluyen como arroyos cristalinos,
Fertilizando amorosamente la sábana.

Es como tímida brisa
Que sopla de los mares
Acariciando los cabellos trigales.
Son tus palabras un ungido cielo
Que se mira en verdes manantiales.

Tus palabras, palomas que se escapan
De tu boca cual tímido coral,
Se posan con ternura en mi alma.
Que se mira en un lago cristal.

Son sutiles como pétalos de amor
Que duermen arrullados por el viento;
Son suspiros de una gaviota enamorada
Que embriaga la flor con su aliento.

Tu Voz

Escucha tu voz de dulce murmullo
Como arroyo murmurando en la vertiente;
Dulce voz como cántico de un ave,
Arrullando en la flora floreciente.

No me canso de escuchar tu voz divina,
Arrullándome son suspiros de su aliento
Háblame, tu voz es melodiosa
Y me inocula un hondo pensamiento.

Cuando te escucho, mi corazón suspira,
Regocija... ríe de alegría;
Es tu voz la esencia de mi vida,
Escuchar tu voz mi alma ansia.

Háblame, tu voz es mi alimento
Sin tu voz no puedo vivir.
Si no te escucho para mí es un tormento.
Tu voz es la razón de yo existir.

A Quien

A quién le dirás
Te quiero como a nadie;
A quién le dirás
No te olvidaré.
A quién le dirás un día
Estoy solo y muy triste.
A quién le suplicarás
Pidiendo una limosna
De amor que no tendrás.
A quién le dirás un día
Socórrame en mi pena
Y dame una esperanza
En esta soledad.
A ti yo te diré:
A quién dirás un día
De tus melancolías
Porque yo no estaré.

Búsqueda Inútil

¿Qué buscas?
Entre los escombros
Si nada vas a encontrar.

¿Qué buscas?
En la fuente, espejo de nuestras almas
Si esa fuente se secó.

¿Qué buscas?
Debajo del árbol seco,
Si ya sus hojas cayeron
Y el viento las arrebató.

¿Qué buscas?
¿Huellas que el tiempo borró?
Retrocede en tu empeño,
Que el tiempo se las llevó.

¿Qué buscas?
En un horizonte apagado,
Entre nubes rencorosas,
Si hace tiempo se murió.

No busques nada
Ni residuos encontrarás.
Porque donde sombraste penas,
Solo olvido has de encontrar.

El Sueño

Soñé una vez
Con un jardín de rosas,
Con un frondoso árbol
Que ofreció su sombra
Y allí me cobijé.
Mirando a un cielo azul,
En tardes primorosas.
Soñé con muchos versos,
Con poemas de amores,
Y muchas, muchas cosas.
Soñé con lirios de ternura,
Con lagos diamantinos
Y con la mar hermosa.
Soñé con las cosas creadas
En un jardín de rosas…
Pero que decepción,
Cuando yo desperté
Del sueño de la aurora
Porque todo fue sueño
Sin luz y sin corolas.

Enséñame A Olvidar

Enséñame a olvidar,
Que sola jamás podré.
Es muy largo el trayecto,
Y sola no lo lograré.
Tú que olvidas fácilmente…
Ayúdame a ser cruel,
Ayúdame a despreciar,
A ser como una sombra,
A ser como tú eres…
Ayúdame a olvidar,
Quiero ser como tú que eres
Cobarde y mentiroso
Tú me puedes ayudar
Pero, ¿quién eres?
La suavidad de tu alma
Y el toque amoroso
De un amor ufano
¿Dónde están?
Enséñame a olvidar
Y a saber decir adiós
Y olvidar, y olvidar…
No, nunca seré como tú
Yo tengo sentimientos
Yo se como querer
Y nunca podré aprender
Es que no soy como tú
Yo no puedo ser cruel.

Me Alejare De Ti

Me alejaré de ti,

Me alejaré en silencio.

Cargando en mis hombros

Fatal desilusión.

Me iré con el alma

Hecha mil pedazos,

Con las ilusiones muertas

En mi lenta agonía.

Zozobraré en la nave

Sin rumbo ni timón;

Navegaré en los mares

Y buscaré en los puertos

Un verdadero amor.

El Pésame

Regreso a darte el pésame...

¿Recuerdas en tu agonía

aquel amor que te olvidó?

Pues regresó sin rencor...

Solo vine a darte el pésame

Y a decirte adiós

Si tu amor voló como sombra

El mío también voló.

¡Qué desgracia! Sucumbió el amor.

Fue sepultado ayer

¿Sabes? Me resigné a perder

Si el amor sucumbió

¿Qué puedo hacer?

Tú un día te alejaste

Así, que vuélvete a marchar,

Y no des vuelta atrás.

Estrella Distante

Me acuerdo de aquellas palabras
Que trémulo de emoción un día dijiste;
Que era para ti como estrella distante,
Que aunque trataras no podrías alcanzarme.
Que mucha razón tuviste…
Tu esperanza murió en el hastío,
Tu alma se quedó en silencio
Y tu corazón en borrascas.
Tus frases… hermosa letanía,
De la vivencia del amor fortuito
Se fragmentaron en la selva abstracta.
Tu estrella murió en una noche estrellada,
Se alejó maltrecha, ciega,
Por una verde vereda
Que conducía a la nada.
Tus palabras quedaron ignoradas.
Siempre las estrellas alumbran de noche
Y por el día se van a la nada.

Dame Todo Lo Tuyo

Arrúllame cual paloma a sus polluelos

Protégeme en tus brazos amorosos

Y dame de tu alma un sentimiento.

Bríndame el calor de tu pecho.

Bésame como el rocío a la hoja triste,

Dime frases de amor sublime,

Prométeme todas las noches de tu vida,

Permíteme reclinar mi cabeza en tu regazo.

Calma la sed de mis angustias…

Deja que se muera el horizonte,

Pero que en nuestro jardín

Jamás se marchiten flores.

Quiero un beso en la penumbra de la tarde,

Mirando el horizonte en su agonía

Que trémulo su corola pierde.

Cuando Muere El Amor

Hay inquietud en tus ojos,
Hay silencio en tu boca.
Murieron tus ilusiones
Porque un amo te olvidó.
Palidez hay en tu rostro,
Tu mirada está perdida
En un lugar de la vida
Donde el albur se murió.
Tu alma está prisionera
En la prisión del dolor.
¡Cuánto sufre tu corazón!
Si tu amor me hubiese dado
Hoy tú serías feliz.
Desdenes hay en tu rostro
Y en tus ojos moribundos,
Que han perdido tu calor,
Recuerdas la ilusión perdida
En la inmensidad del recuerdo ingrato.
Tu alma llora en silencio.
¡Oh, cuanto sufre tu corazón!
Por haber amado sin razón.
¿Por qué no me diste tu amor?
En mí nunca moriría el amor.
¿Qué voy a hacer?
Tu vida se va apagando
¡Porque se murió el amor!

No Me Ignores

Cuando pases por mi lado

Y notas tristeza en mí,

No me ignores

Ven a mí.

Dame una sonrisa

Dame tu mano,

Para no sentirme solo.

Si notas mi rostro triste

Alégralo con tu amor.

Es que a veces soy…

Como un perro sin amo

Que deambula por las calles

Mendigando compasión.

Si notas una lágrima

Corriendo por mi rostro,

Es que me encuentro ajeno,

Como el ave que voló

Y calló en un nido equivocado.

Dame aunque sea un adiós.

Recuerda, que con lo poco

O con lo mucho,

Somos iguales ante Dios.

La Gaviota

El pálido crepúsculo se pierde
Sobre la ninfa de la mar dormida
Y va volando sobre el agua verde
Una gaviota con el ala herida.
La gaviota no se cansa
De buscar la región desconocida,
Vuela como el adiós de una esperanza,
En el crepúsculo de una tarde enrojecida.
Triste gaviota que en la mar dormida
Te posaste una tarde con el ala herida,
Así en el mar siniestro de la vida,
Se perdió la esperanza mía que era
Como la gaviota con el ala herida,

Sed De Amor

La flor liba el rocío
Como libo yo del néctar de tu boca
Hambrientos de saciar
La sed que nos devora.
Eres el oasis de mis sueños
Y cuando pienso en ti
Reverdece la ilusión marchita.
Eres la chispa de fuego
Que el amor encendió
Te vi surgir del horizonte
Que un día se apagó
Buscando el oasis
De mis labios en flor.
Saciemos la sed que nos devora…
El amor regresó
Prende tu boca de mi boca
Líbenos del amor.

Mis Deseos

Yo deseo ver en tus labios
Una sonrisa de amor
Y quiero ver en tu boca
Una llamarada en flor
¡Que me consuma! No importa,
Si es llamarada de amor.
Yo quiero ver en tus ojos
Mirada que dulce evoca
Aquellos momentos cuando
A ti te besé en la boca.
¡Oh, que dulce evocación!
De flores en el camino
Plantadas con la premura
De muchas noches contigo
En un remanso de dichas
Donde cantaba la vida
Y volaban los céfiros.

Volvamos A Empezar

Volvamos a empezar,

Volvamos sin temor.

No importa que critiquen

No importa lo que digan.

Volvamos a empezar.

Formemos nuestro idilio,

Bonito y muy profundo.

Ven y colma mis antojos;

Ven que hoy nuestro horizonte

Hoy ha vuelto a brillar.

Tal vez éste sea

Nuestro último encuentro

Por eso yo te pido;

Volvamos a empezar.

Porque

¿Por qué los buenos pintores
Pintando cuadros insisten
El pintar al Cristo Rey
Siempre con el rostro triste?

¿Por qué también insisten
En imágenes al vuelo,
Pintar a un Adán muy rubio
En vez de hacerlo negro?

O de Eva una mulata
Para decirle al pintor,
Ahora puede decirme
De donde viene el color.

Pero, si Adán era rubio
Hay que pensar para rato
Porque de la unión entre los blancos
Jamás nacerá un mulato.

Yo le pido a los pintores
Que en sus pinturas integren
A un Adán morenito
Y a un Cristo con rostro alegre.

La Senda Equivocada

Decidí analizar la vida
En la pequeñez del mundo
Y vi la cual débil llama
En un altar moribundo.
Y los que la transitamos
Como beodos sin rumbo
Sin saber a dónde vamos
O por qué estamos en el mundo.
Yo me acuerdo del ayer
Para ver en mi camino
Si soy potencial culpable
De haber forjado mi destino..
Después miraré el mañana
Con ojos más precavidos
Corrigiendo mis errores
Y enderezando mi camino.
Buscamos con mucho afán
Las flores en el ocaso
Y sin embargo encontramos
Frustraciones y fracasos.
Necios somos los humanos
Que con los ojos vendados
Caminamos por la vida
Por caminos enfangados.

La Flor Marchita

Vi marchitarse una flor
Deshojada por el viento
Y al astro rey ocultarse
Más allá del firmamento.

Vi una paloma volar
Por entre el bosque dormido
Y su cuerpo reposar
En el lecho de su nido.

Al marchitarse la flor
Cuando ella fue deshojada
Se marchitó mi amor
Quedando todo en la nada.

Perdió la paloma el nido
Como yo perdí el amor
Un amor tan sensitivo
Como el capullo en la flor.

Decepción

No mires mi corazón desventurado,
No lo mires que no existe una razón,
No lo mires cargado de miserias
Que le distes a cambio de mi amor.

¿Por qué le distes las sombras de tus manos
Y el refugio de un corazón sin sentimientos?
¿Por qué robaste los frutos de mi vida
Para plantarlos a los pies del sufrimiento?

Eres la imagen de una luz ingrata.
Porque miras las cosas del pasado
Donde nacieron viles esperanzas
En mi triste corazón decepcionado.

No busques lo que ya no existe;
Si te conocí, ya no te recuerdo
Tu amor se marchó con la tarde gris
En las alas de tormentosos vientos.

Lo Eres Todo Para Mi

Si el mundo se acabara...

Tú serás mi mundo;

Si el sol se apagara,

Tú serás mi lumbrera.

Si se secasen los ríos,

Los lagos y el agua de la mar,

Tú serás mi oasis.

Si se apagasen todas las estrellas

Y la luna emigrase a otro cielo,

Tú serás mi luz.

Ni los incipientes males de la vida

Ni la muerte siquiera,

En su rondar macabro,

Me apartará de ti.

Si todo se acabase

Hasta la fronda

En ti me refugiaré...

Buscaré refugio como

Nómada en el mundo.

Tú serás mi cielo

Tú serás todo

Serás mi consuelo

Serás mi alimento,

Tú serás mi fronda

Tú serás mi cuna

Y los más que quiero.

Transición

Cayeron gotas de lluvia
En mi corazón aterido
Qué triste se cobijaba
En la sombra del olvido.

Triste miré el horizonte
Lloraba a lágrima viva
Mientras un velo sangriento
El astro rey lo cubría.

Y sus lágrimas cayeron
Como lluvia en la pradera
Empapando los recuerdos
De nostalgia lisonjeras.

Vi una rosa deshojada
Por la brisa de los tiempos
Al ver que perdía sus pétalos
Lloré de pena y sentimiento.

Sepultemos Este Amor

Sin una cruz…
Sin un epitafio
Sepultemos este amor,
Que no quede huella
De lo amargo que fue.
Que no fluyan lágrimas…
¿Para qué fingir?
¿Ese amor?
Que la tierra lo cubra,
Que el tiempo lo destruya,
Que ni partículas queden.
Cava muy hondo el sepulcro
Para que no se escapen
Y vuelvan a surgir.
Porque sería terrible
El volver yo contigo,
Que de solo pensarlo
Me siento destruida.
Sería como un castigo
Que no debo sufrir.
Sin una cruz…
Sin un epitafio…
Sepultemos este amor
Profundo en el olvido
Donde no alumbre el sol.

Desengaño

Tenías un lugar en mi corazón
Yo te adoraba con amor constante,
Eras mi esperanza, eras mi ilusión,
Eras la vereda de amor delirante.

Cubrías mi vida de felicidad
Tu pecho era mi almohada…
Y te creí sincero,
Y te entregué mi alma.

Pero me heriste con la espada del dolor
Decapitando la febril esperanza
Que cifraba en ti. ¡Oh, que desengaño!
Es como morir a filo de espada.

Al cielo elevo una plegaria
En un abandonado templo
Y en la soledad, allá en el olvido,
Donde vive el tiempo.

Naufragio

Como un triste náufrago

Que se cansó de vagar

Regresas a mi con rostro ensombrecido

Con tu alma desgarrada

Y tu corazón marchito.

Que ignorante eres.

¿Cómo crees que sea posible

Que mi corazón te ame?

Vete, y jamás regreses

Porque amor en mi corazón no existe…

¿Dónde estabas?

Náufrago de un mar embravecido,

Mi amor se había marchado contigo

Y también naufragó en el mar.

Busca mi amor entre las olas

Si lo puedes encontrar

Si no lo encuentras, no vengas

Que mi amor murió en el mar.

Nuestro Amor

Jamás renuncies a nuestro amor,

Recorramos el largo camino…

Formaremos nuevas ilusiones,

Seamos un mismo destino.

Crearemos un mundo de amor

Que el delirio nos lleve

Sin dolor ni queja…

Que en nuestras almas llueva

Para cultivar en terreno fértil

La simiente buena.

No renuncies jamás a nuestro amor,

Recorramos la larga vereda

Que lleva al destino

de nuestras quimeras.

Yo recorreré a ciegas

Ese laberinto,

Que a la luz me lleva.

¡Jamás renuncies a nuestro amor!

Rompamos Nuestros Lazos

Sí, creo que tenías razón,
Nos separamos si lo deseas.
Seamos como extraños
Que vamos caminando
En busca de placeres.
Dejemos en caricias
La castidad del alma.
Tomemos dos caminos,
Sembrando ensoñaciones,
Mintiendo en cada beso
Con aparente calma,
Con ansias escondidas
En nuestros corazones.
En un dulce arrebato
Rompamos nuestros lazos,
Dejemos que el hastío
Vuelva ceniza al nido,
Que no se escuche el eco
De nuestros tenues pasos
Y que no quede nada,
Ni siquiera el olvido.

Amor Es

Amor es quererte a ti,

Amor es quererlo a él,

Amor es querernos todos,

Amor es compartir.

Amor es llorar si lloras,

Amor es reír si ríes,

Amor es contemplar la naturaleza

Y todo lo bellos creado por Dios.

Amor es brindarnos la mano

En un saludo cordial

Todo, todo eso es amor.

Como Es El Amor

Dime como es el amor
Me preguntaste un día...
Al transcurrir del tiempo
Te lo voy a contestar;
El amor es un espejo
Donde el corazón se mira
A veces tenue reflejo
Es llama que se apaga
Si el corazón no la aviva.
Es como capullo en flor
Que florece lentamente
En la cuna de la vida.
Si lo cultivas con esmero
En una tierra fértil
Te puede a ti producir
La riqueza del consuelo.
¿Qué como es el amor?
Es como tierra cultivada
Donde comprensión se planta
O puede ser un calvario
Si del desdén se amamanta,
Puede ser llanto y dolor
Pero siempre es el amor
¡No importa su aristocracia!

Una Mirada De Amor

Mírame a los ojos...
Yo me miro en los tuyos...
Para que sientas
Lo mismo que yo siento;
Las dulces sensaciones
Que expresan sentimientos.
Permite que tus ojos
Se miren en los míos
Para que veas en ellos
El tenue resplandor
De un amor que florece
Con tesón y desvelos.
Bríndame la ternura
De tu dulce mirada
Y de tus ojos sinceros
El dulce resplandor.
Y yo te miraré también
Y te diré dulcemente
¡Te Quiero!

Cuando Muere La Tarde

Miro al horizonte triste
En el silencio de la tarde
Que lentamente muere
Mis ojos lágrimas derraman
Recordando lo que ayer pasó.
Triste esta mi alma
Recordando con nostalgia
El amor que nos unió.
Ya no estás a mi lado
Mas tu recuerdo perdura
Permanece en el silencio
Por los meses y los años.
Quisiera regresar al pasado
Y retenerte a mi lado
Y no dejarte ir
Pero ayer te marchaste
Cuando la tarde estaba
Envuelta en el sudario
De negros horizontes
Que empezaban a morir.

*"En dedicación a mis padres ya fallecidos. Fermín Aldahondo
1912-2005. Isabel Pérez 1916-1992.
Siempre estarán en mi corazón."*

50

Mirada al pasado

Ayer mire el horizonte,
También una rosa deshojada
De un jardín en la montaña
Que tristemente lloraba.

En el transcurrir del tiempo;
Tanta nostalgia y recuerdo
Del ayer no queda nada,
Solo la agonía del silencio.

Miro desde la montaña
Los aleteos del viento
Que me murmuran al oído
Frases de doliente acento.

El ayer no existe, todo ha terminado
Solo quedan los recuerdos;
Recuerdos que aún perduran
Y no mueren con el tiempo.

Así Fue Nuestro Amor

Así fue nuestro amor;
Como cenizas que el viento se llevó
A un lugar remoto;
Así fue nuestro amor
Oscuro y doloroso.
Fue como un rayo de luz
Que se prendió en la nada;
Así fue nuestro amor
Como flor deshojada.
Fue como un suspiro
De un alma moribunda;
Así fue nuestro amor
Viviendo en la penumbra.
Fue como una noche oscura
Sin estrellas, sin luna;
Así fue nuestro amor
Que se murió en la cuna.
Fue como un amanecer
Lloroso y compungido;
Así fue nuestro amor
Como un ave sin nido.
Fue como la fragancia
De una flor marchita;
Así fue nuestro amor
Que nunca tuvo vida.

Tu

Me dijiste un día
Jamás te olvidaré,
Porque sin ti...
¿Para qué quiero la vida?
Pero... ¡Qué ironía!
Fuiste tú quién me olvidó.
Un día te marchaste
Tan siquiera decirme adiós.
¿Cuál fue el motivo?
¿Amor falso? ¿Mentira cruel?
Eso yo no lo sé.
Pero no importa lo que fuese
Yo no te olvidaré,
Que tonta fui
Al creer algo que fue mentira
Fue que creí sincero
Y en mi ignorancia tu palabra acepte.
¿Cómo iba a imaginar una perfidia de ti?
Que tonta, yo te amé.

Te Recuerdo

Te recuerdo...

Aunque no estés a mi lado

Como olvidar aquellos momentos,

Y tantos amores vividos,

El tiempo corría a galope

Sin darnos cuenta siquiera.

Te recuerdo...

Jamás te pienso olvidar,

Te recordaré cuando me vaya

Te recordaré en mi soledad

Y aunque los años transcurran

Le digo al bosque y al viento,

A los lagos y los ríos,

Que nunca te voy a olvidar.

Nuestras Almas

Por lugares donde transito
En cada detalle humano
Creo verte...
A ti que en mi vida está presente.

De mi mente apartar no puedo
Los días felices que pasé contigo,
A veces creo que es un sueño
Que quiere a mi alma darle abrigo.

Se que no has olvidado
Porque fue grande nuestro amor,
Y si algún día nos decimos adiós,
Sabíamos que cometimos un error.

Hoy nuestras almas solitarias
Buscan inútilmente comprensión...
Pero nadie las entiende...
Solo las comprendemos tu y yo.

Pobre de nuestros corazones,
Que se lamentan en las puertas del dolor
Buscando en esfuerzo inútil
Una nueva llama que les de calor.

Separación

Permíteme mirarte
Hoy más que nunca…
Quiero dejar tu imagen
Grabada dentro de mi alma.
Veo lágrimas
Que brotan de tus ojos,
Deseo apagar con tus lágrimas
El fuego de este
Inmenso amor que me consume.
Eres tú el culpable
De esta separación.
Entonces, ¿Por qué lloras?
Si dijiste, "lo siento…"
Cuando brilló la aurora
En el trono del cielo.
Espero que ésta separación
No sea el fin.
Permíteme un rayo de esperanza,
Porque este inmenso amor
Que un día vivimos
Jamás se borrará.
Voy a llorar tu ausencia
Y en la esperanza espero
Que cuando regreses
Continuemos lo nuestro.

Te Esperare

Ven refúgiate en mis brazos

Te haré olvidar tristezas y dolores

Se que tu alma es buena

Y sin amargo va en tempestades.

Seré la fuente que te de consuelo

No pienses que el mundo ha terminado

Si las aves canoras se alejaron

Y los árboles sin hojas se quedaron,

Florecerá este amor sincero, promesa.

Seré paciente, esperaré tu amor

Y nos marcharemos lejos

Donde brille la luna

Y el sol no esté apagado

Porque tu amor es mi aliciente,

Es todo lo creado.

Florecerá este amor

Como florece la flor

Y sonreiré a la vida

Porque al fin me has amado.

Tu Olvido

Hoy con nostalgia recuerdo
Cuando tú me amabas
Con un amor bello y sublime,
Y de ese amor no queda nada.
Si volviera a renacer
Aquella luz bienhechora
Surgirán soles eternos
Y muchísimas auroras.
Hoy tengo la esperanza perdida,
Solo una esperanza queda.
En la vida todo es etéreo
Y jamás se abrirán las puertas
De tu corazón impío
Y de mi esperanza muerta.

Mis Ojos Te Hablaran

Ansío decirte que te amo
Y no sé como pueda decirlo.
Tengo temor a que me digas no,
Palabra que quiero escuchar…
Y me siento cobarde
Por no atreverme a hablar.
Antes de decir no,
Mírame a los ojos;
Mis ojos te hablarán
Verás en ellos ansiedad
Y el reflejo de un amor sincero.
¡Si pudiera hablar!
Verás el fulgor del amor
Como en riachuelo verde
Entre la vegetación.
Por favor no digas nunca no,
Aunque yo no pueda hablar,
No mates mis ilusiones
Mira que es la esperanza
De vivir para amar.

Amor Sincero

Te enseñaré lo que es el amor.
No diciendo te amo.
Sino aunando tu alegría con la mía
Y cuando caigas tendiéndote la mano.

No es un amor incinerado en fuego
De la pasión que cual llama se apaga,
Sino en la mutua comprensión del alma
Y un corazón que te diga yo te quiero.

Contigo voy a platicar.
Con los vocablos que mi corazón evoca.
Sanaré las heridas de tus ojos
Y bendeciré tu nombre con mi boca.

En mis palabras no existirá mentira.
Mentir es romper una regla divina.
No caminaremos por angosta vereda,
Diciéndole mentiras a la vida.

Considero que tú eres
La estrella que siempre alumbra
La vereda por donde ando
Y la luz en mi penumbra.

A Lana Lane
Una Personita muy especial

Es tu tierna vocecita

Un suave murmullo de paz

Eres una niñita preciosa

Contemplarte es armonía

Ver tus tiernas manecitas

Que se alzan, como alas

En un mensaje de paz.

De tu angelical rostro

Emana luz y dulzura

Y mucha serenidad.

Dios te bendiga

Lana Lane y tu

Senda por la vida

Sea llena de felicidad.

Migajas De Amor

No te burles si me ves recogiendo

Las migajas de tu amor traicionero;

No te alegres si me ves mendigando,

Implorando un poquito... casi nada.

Soy muy necia, lo reconozco

Es que ésta llama de amor me consume.

Ciega de mi, que transitaba

Por un jardín que flores no tenía.

¡Pero, cómo iba a pensar!

Que serías mi pena, mi agonía.

¡Cómo pedirle hojas al árbol disecado,

Y prodigarle amor a un suspiro enfermo.

Sería el más vil de los pecados.

Amor Que No Existió

No existieron noches ni días,

Todo fue efímero,

Como un rayo de luz

Que se apagó al instante

Que jamás alcancé;

Fue un segundo de vida

En una eternidad.

Fue efímera nube

Que el viento disolvió;

Fue como flor marchita

Que murió en el capullo

Y el viento deshojó.

Fue como el furtivo viento,

Que jamás existió…

Porque fue un segundo

De la existencia ingrata

Donde nada quedó;

Fue solo el desconsuelo

De lo que no existió.

No Te Diré Nada

Quiero decirte tanto

Que no digo nada

Estoy atribulada

Mis palabras desmayan,

No sé si tu presencia

Pueda ser mi desgracia.

Es que en mi vida existen

Las huellas imborrables

De heridas muy profundas

Que me dejó tu amor.

Quisiera hablar contigo;

Mis palabras no salen

Mi corazón solloza

Y suspira a la vez…

Yo no sé qué decirte

Me quedaré en silencio

Y no te diré nada.

Así Es Mi Amor

Te diré cuanto te amo…
¿Ves aquellas estrellas en el firmamento?
Tu eres su luz, tu alumbras mi sendero.
¿Ves esas hebras de plata en el lago?
Son como el destello de tus ojos.
Te quiero con un amor inmenso
Que ni la distancia ni el tiempo
Podrán borrar tan lindos pensamientos.
Tu eres la barca donde voy contigo,
Aunque se agite el mar y soplen vientos,
La barca del amor llegará al puerto.

¿Sabes ya cuanto te amo?
Te lo ha dicho mi alma.
Ahora… permíteme mirarte
Para ver si en tus ojos
Se vislumbra la llama
De esa que quema y mata
Y se postra de hinojos,
Buscando entre pliegues
Del corazón que ama.

Amor Prohibido

Nuestras miradas se cruzan en silencio,

Nuestros corazones lloran su infortunio...

Por nuestro amor prohibido

Que crece, que se agranda...

Que límites no tiene,

Y aunque la gente diga,

Y aunque la gente truene,

Que digan, que blasfemen.

¿Qué importa?

Si éste amor es nuestro,

Si nuestro amor es triste,

Si nuestro amor es pecado,

Que amar Dios siempre ha mandado.

El amor no es pecado,

Amémonos, no hay amor prohibido,

Que el amor es sagrado

Y Dios nos perdonará.

Al Poeta

¡Oh, mi dulce poeta!
Yo se que aquellos versos
Que un día escribiste
Los dedicaste a mí.
Yo recorrí el camino de tu vida,
Yo vivía en tus sueños.
Nunca cuenta me di.
Sé que la soledad
Fue tu compañera cruel.
¿Por qué te fijaste en mí?
Sabías que no podía ser.
Hoy los mágicos sonidos
De tus prosas de amor
Han quedado en silencio,
Y el poema contigo murió.
Ya no hay nada, ninguna ilusión
Porque también murió el sentimiento
De un amor que nació, y no se cultivó.
¿Cómo lo iba a saber yo?
Si no me lo diste a entender.
¡Oh, mi dulce poeta!
Quizás... te podía querer.

Amémonos Así

Envuélveme con tu mirada.

Abrígame con tu amor,

Y con un poco de paciencia

Obtendrás mi corazón;

Yo te amaré con ternura,

Haré que vivas entre sueños

De amor y felicidad.

Se que no buscarás otro amor

Por que lo que siento por ti

Es sublime y radiante.

Te haré vibrar de emociones

Y te juro ante cupido

Que nunca te olvidaré;

Por que este amor seré inmortal,

Será como un eterno jardín

Ya verás, mi amor, nunca te voy a olvidar.

No te perdonare

Piensas que olvidarte no puedo,

Que nací para ti…

Lo dirás con ironía

Pobre ¡terco en tu decir!

Porque borrare tu nombre de mi vida

Y el amor no resurgirá

Morirá la traición en su cubil.

Aunque ande enloquecida

Por veredas y caminos,

Tropezando con recuerdos

Víctima de tu traición.

Pensaré que tú no existes

Porque sin razón me diste

Las desdichas y el dolor.

Aunque los recuerdos me torturen

Y se muera mi corazón

Caminaré por la vida

Recordando tu traición.

Ve y recoge las migajas

Que la vida te dejó

Que yo no te dejo nada,

Ni tan siquiera un recuerdo

Porque el recuerdo murió.

Permíteme Platicar

Quiero platicar contigo.
Hace tiempo que no platicamos
Quiero decirte con trémula voz
Que la antorcha del amor no se ha apagado;
Que el jardín de flores primorosas
El sol del tiempo no las ha secado.
Quiero decirte que el lago del ensueño
En el amor esta encuadernado.
Quier decirte en plegaria breve
Que te amo... te amo... te amo.
Quiero decirte que el sol ayer me dijo
Que se mira siempre en el espejo
Del apacible y silencioso lago.
Tu recuerdo es como aliciente
Para aliviar el presente amargo.
Si me escuchas tu comprenderás
Que con honradez yo a ti te hablo
Mirando a tus ojos con dulzura
Y besando tus sensuales labios.
Ver en tu mirada el sol que resplandece
En la armonía del apacible lago.
Quiero decirte con toda mi franqueza
Que te amo... te amo... te amo.

Amor Breve

Que breve fue nuestro amor.

Fue un frágil capullo

De una flor que murió,

Fue una breve ilusión.

Fue una pasión estéril.

Fue como un sueño,

Un sueño dulce,

Enervante y placentero,

Que al final nos dejó

Una dulce amargura

De una feliz aventura

Que el tiempo se llevó.

Tu sombra en el Dolor

Apuré con fruición ardiente
El néctar placentero del amor,
Vagando en un mundo de ilusiones
Que no tienen esencia ni color.

Inepto amor de color moribundo,
Vertiste en la copa del olvido,
Veneno mortal que yo apuré
Caminando por la senda del destino.

De un alma en sombras surgen sombras.
¿Es posible que surjan estrellas en el día?
Tus mentiras fueron como dardo
Que se clavaron en el alma mía.

Muchas veces me ha hablado el silencio
En la vereda que el dolor transita…
Me ha dicho "calla" el viento no te escucha
Y entonces le hago mutis a la vida.

No te burles si me ves recogiendo
Las miserias en mi senda abrupta.
No me tiendas la mano cuando caiga
En la vorágine de tu acción corrupta.

Se perdió lo que no tenía
¿Cómo iba yo a pensar que todo era mentira?
Maldita ilusión tú has plantado

Ofrenda De Amor

Te devuelvo todo el amor que me diste
Te lo devuelvo en un cofre de ansiedades
Para que lo lleves a las puertas del olvido
Donde azoten vientos de las tempestades.

Te lo devuelvo envuelto en el sudario
De la ilusión que me forje un día,
En una fronda de esperanzas vivas
Donde aclamaba agobiada el alma mía.

Fue tan poco lo que tú me distes
Mas yo creí que eras mi vida, mi razón
Cuando me di cuenta del engaño
Te había entregado mi corazón.

Te devuelvo ese amor en un cofre de desdichas
Con el cerrojo de la esperanza muerta
Para que lo lleves a las puertas del olvido
Por la vereda el engaño a cuestas.

Olvido

Ya yo no suspiro al mirarte

Mis brazos ya no te buscan

Ni se emociona mi voz

Es que la semilla

Cuando no germina,

Es que murió...

Así ha muerto mi amor

Pensé que navegaba

En cristalinas aguas

Pero el lago se secó.

He dejado de quererte

No podía soportar

Que lloviera en mi alma.

Yo pensé darte todo mi amor

Fue cuando el olvido llegó

El viento se llevó todo

Hoy no suspiro al mirarte,

Mis brazos no te buscan

Por que mi amor murió.

Si Volvieras a Mí

Si volvieras a mí
Como errante paloma;
Si volvieras a mí
Con el alma marcada
Por heridas de amor
Diciendo que no sanan;
Te diré dulcemente
"Abrígate en mis brazos
Y te haré olvidar
Tus penas y fracasos"
Si volvieras a mí
Inmundo en tu miseria
Mendigando el perdón
Yo te perdonaría
Aunque lo haga con pena,
Con un dolor inmenso
Al verte mendigando
Lo que ya tú no tenías;
Un corazón piadoso
De sanos sentimientos
Que solo por ti vivía.
Si volvieras a mí
Tal vez te daría vida
Y sin recelo alguno
Tal vez, yo te perdonaría.

Mi Último Poema

¿Cuál será el poema que yo escriba?
¿Se marchará con la aurora? ¿Con la tarde?
¿O cabrilleará en aguas cristalinas?
Lo escribiré, ya lo tengo pensado.
Lo escribiré, con la pluma de mi vida.

Salmos cantaré a la aurora en su agonía
Plasmada en horizontes varios.
La música Serra el murmullo de los ríos
De la brisa en la arboleda
Del cántico de sinsonte
Y de rocío en la pradera.

¿Cuál será el poema que yo escriba?
No se… no tengo inspiración,
Perdí el poema cuando me inspiraba
En el eco de la vida.

¿Cuál será mi último poema?
Tal vez lo rubrique en la triste tumba
Cuando el dolor en la mente alterna.
Será un poema escrito en el silencio
En la página de un día que agoniza
Adornado con la esmeralda de los montes,
Acariciados por el soplo de la brisa.

Me inspiré en el desconsuelo…
(Si es que murió mi primer poema)
Y mi pluma traza cuatro letras…
"Amor" ¿Qué fue de tu destino?
¿Qué fue del poema que escribió el poeta?

Me inspiré en el desconsuelo
Es que los bardos se mueren
Como nubes en el cielo.

Cuando ponga punto final a mi poema
Lo guardaré en el cofre ardiente del recuerdo

Lo depositaré en el altar de los poetas,
Para que perdure por los siglos de los siglos,
Y permanezca esculpido en las letras.

Mis tres rosas

A mis tres hijos: Ricky, Joe y Emmanuel.

En mi jardín hay tres rosas
Son las más bellas del mundo
Viven en mi corazón.
Yo las cuido con esmero
Que nadie ose tocarlas
Porque sin ellas me muero.
Que me impregnen con su aroma
A mi alma que hoy suspira.
En mi jardín hay tres rosas
Que en tres etapas plante
Son las tres rosas que quiero
Que jamás las dejare.
Si estoy triste y desolada
Me arrimo a mis lindas rosas
Y respiro yo con ellas.
Y allá arriba en la montaña
Miro al cielo y digo al señor,
Oh, dale vida a mis rosas,
Porque sin ellas me muero.

Búsqueda Inútil

En una ocasión cualquiera
me fui en busca del amor,
existían muchas veredas
para escoger en mi ruta
de las mismas lo mejor.

En mi sendero encontré
flores que se marchitaban
arboles desnudos de hojas,
lagos clamando por agua.

Vi el rostro del egoísmo
que se miraba en el espejo
de las aguas estancadas,
en una tarde lluviosa
de tristezas y desconsuelos.

No encontré en mi vereda
el amor que yo buscaba,
lo que encontré fueron cirios
cuando moría la alborada.

No Tengo La Culpa

Me dices que tienes la culpa
que eres mi destino,
que trazaste en mi senda
el eterno olvido.
Y eres una sombra
que surgió en mi vida
forjando mi destino.
Que yo te di dulzura
compasión y cariño.

Te dire ahora
si tienes la culpa
de mi cruel destino
y al pasar el tiempo
me encuentro destruida
pensando que forjaste mi desdicha
que vivo entre sombras.

Soy lo que has construido.
Hoy todo se ha esfumado
sin nada quedar…
Camina en una senda en sombras
y por mas que ahora trates,
jamás podras remediar.

Como Flor En La Mañana

Trate de encender la llama del amor
en la zona desierta de mi alma,
pero llego el invierno con su mano helada
deshojando todo con tortura.

Los petalos de la flor de la mañana
la llama prender no pudo
porque el destino apago la llama.

Se apago como se apaga la alborada
con un ramo de flores en su diestra,
y en su siniestra, una encrucijada.

Porque el destino apago la llama
con un soplo helado
que se acunó en los brazos
de la luz de la alborada.

No Te Doblegues

Sonríe ante la adversidad
Cuando tropieces, aférrate a la esperanza.
Aférrate como hiedra
a las piedras en reposo.

Si una piedra se interpone,
y te hace caer,
aprende pronto a levantarte.

No te acobardes, pelea,
pelea ante la adversidad,
que la existencia es muy corta,
y mas corta su odisea.

No culpemos al destino
de lo que pueda pasar,
el destino es la desdicha
del que no desea luchar.

Perdón Divino

Un hombre se moría
solo en su humilde casucha,
se quejaba de dolor
pero nadie le escucha.

Cerró los ojos
noto que a un abismo descendía,
mira lleno de terror
a donde se dirigía.

El terror se apodero
del hombre con tal firmeza,
que grito con terror y espanto
con una voz agorera.

Continuo descendiendo
clamo que alguien lo ayudara;
vociferó a los vientos
pero nadie le escuchaba.

Trato de abrir sus ojos
pero hacerlo no podía,
pero sin embargo vio
todo lo que sucedía.

Vio una vereda sin fin
en el fondo de un abismo,
un camino ensangrentado
y cactos en el camino.

Lleno de espanto observo
un espejo en la penumbra
y una llama que brotaba
de una gigantesca tumba.

¡Oh, Dios! ¡Donde me dirijo!
dijo el hombre horrorizado,
una voz tenue le dijo;
recuerda lo que has plantado.

Ves esa larga vereda
plantada de hirientes cactos,
tu las formaste
de ignominiosos pecados.

Preguntas a dónde vas
porque no te habías preguntado,
de que llegaría el dia
de pagar por tus pecados.

'Perdón, señor' dice el hombre
'yo se que he pecado,
yo tracé esa vereda
y por ella he caminado.
Abre señor una tumba
y sepulta mis pecados'

'Reconozco, soy culpable
por esa razón yo clamo
andaba ciego en la vida
por caminos enfangados.'

'Yo merezco el castigo,
merezco ser sepultado,
pero te pido señor
que perdones mis pecados.'

Te sacare del abismo,
dice la voz placentera
Cubriré la tumba en llamas
y tapiare la vereda.